JN438000

서울 속의 바다

지성 · 감성의 메타언어
조선문학시인선 • 299

서울 속의 바다

이 지 영 시집

조선문학사

■ 시인의 말

세월은 곁눈질 한 번 하지 않고 화살처럼 한 곳으로만 흘러가고 있다.

한 때 늦깎이로 시의 길에 들어섰다고 수줍게 고백했던 나도 몇 십년이 흘러 열 번째 시집을 내게 됐다.

세월처럼 흘러가지 못하고 쌓여 있는 것들을 구원의 손길로 붙잡고 시로 용해시켜 묶어본다.

열 번째 시집, 손가락 열개를 다 펼친 꽉 찬 숫자, 여기서부터 새로운 도약이 있을 것인가, 도태하고 말 것인가. 벼랑에 선 기분이다. 열 번째 시집이 앞의 시집보다 낫다고 보진 않는다.

내 나이만큼 쌓여만 있던 것들, 아픔, 사랑, 공허, 상처, 티끌, 몸부림 등을 마법에서 풀린 요술같은 언어로 쏟아낸 일기 같은 시를 부끄럼도 없이 묶어본 것이다.

나 자신의 내면의 세계가 폭포수처럼 쏟아지는 시를 막을 수 없었다. 내 허물을 물로 씻듯, 그 어렵다는 시에게 정말 미안하다.

이런 내 시를 단 한사람의 독자라도 공감해 준다면 더 없이 기쁘고 위로가 되겠다. 내가 살아있는 날까지 시를 쓰고 싶지만, 진정 목마른 영혼을 적셔줄 맑은 시를 선보일 수 있을 지 갈수록 걱정스럽다. 앞으로 어떤 시를 쓸 것인가 깊이 고민하면서 열 번째 시집을 고개삼아 잠시 쉬어가고 싶다.

辛卯年 初秋

모락산 자락의 글방에서

이지영

제1부 / 꽃보다 아름다운 당신

제2부 / 전철 속 풍경

제3부 / 행복지수 가까이

제4부 / 숲에 가면

제5부 / 시집평설

제1부

꽃보다 아름다운 당신

인생

하늘이 푸르다가
눈발 날리고
별이 빛나다가
폭풍우 몰아친다
하늘도 아닌 별도 아닌
자연의 일원으로 태어난 우리
모든 것은 차용된 부도수표
하늘이 푸르른 한
별이 빛나는 한
세상살이 다 너에게 속해 있다
뙤약볕도 삭풍도 견뎌낸
꾸밈없는 꽃 한 송이
내 님처럼 쳐다보며
비애와 한숨 웃어 넘겨라

해피 인생

무망지복(毋望之福)이란 말은
구식이다
신식으론 속임수이고
쟁취이다

우연이란
게으른자가 바라는
행복에의 기대다

진정한 행복은
게으름과 싸워서 이기는
기대 아닌 획득이다

해피 인생은
이긴자가 누리는
행복의 의미를 안 인간이다

※ 무망지복 : 바라지도 않았는데 홀연히 얻은 행복을 이르는 말.

황혼

백만불짜리 광채 나는 눈으로 첫사랑을 보고
장밋빛 향기에 취해
초록빛 들판에서 뛰놀았지

세월은 시도 때도 없이
눈물 흘리게 하고
빈수레바퀴 덜커덩 덜커덩
자갈밭 길로 끌고 가네

있을 수 없는 번개에 벼락 맞아
장미는 시들어
꽃잎 그대 잠든 머리맡에 쌓이니

우리 끓어오르는 순간 언제였었지
마침내 이렇게 가라앉고 마네
어둠 속으로

늙는 다는 것은

늙는다는 것은
세월을 포식했다는 이야기

늙는다는 것은
세월의 이쪽과 저쪽에
나를 세워
아름다움과 슬픔을 알게 한다는
뜻

늙음만이 배워 벗하고
터득할 수 있는
아름다움과 슬픔

인생이란
이 둘로 나란히 찍은
족지(足指)일 뿐인 것을

사랑이란

사랑은 그리움이다
그리움을 먹고 살이 찌는
가슴의 미숙아다

사랑이란
잡히지 않는 무지개다
두 가슴 사이에 찬란한 빛의 아치로
걸려 있는
다가가면 물러나버리는
무지개다

사랑이란 외로움이다
외로울수록 커가는
외로움 없이는 성장이 불가능한
발육부진의 지진아다

사랑 끝 사랑 시작

시작이 있으면
끝 또한 있는 법
이는
시작과 끝이
맞물려 있음이다

일찍이 불가(佛家)에서 이르던
법문(法門)의 깨달음
불이(不二)가
그러하지 않던가

떠나고 보냄이
재회의 기쁨으로 다시
만남이 되듯이

만남이 되어
하나가 되듯이
사랑 또한 그러한 것을

끝나는 곳에서 다시 시작되는
둘이면서
하나인 것을

사랑 리필

한 생 살아가는 동안
그중 중요한 테마는 사랑
커피를 마시듯 사랑 리필을 한다

달과 별 들짐승 산노을도
지고 돋고 꽃단장하지만
사랑은 지지않는 계절도 없이 피는 꽃으로
사랑 리필을 계속 한다

갈 수 있는 거리 저만큼에 있는 그대
만월 찬 바닷가에 등대처럼 불기둥을 세우고
밀림의 미로에서 소나기를 만나듯
다시 마시고 다시 느끼고
내 몸에 심지세워 불을 붙여주며
그대 마음 따스하게 녹일
살아있는 사랑놀이 한다

그대가 철책에 가리고 바위에 막혀

갈 수 없는 거리에 서 있다 해도
신 새벽 어둠을 뚫고 부르튼 맨발로 찾아가리
커피를 찾듯 끝없는 목마름을 적셔줄
내 생에 가장 갈증을 일으키는
일으켜 갈증을 달래주는 사랑이여

꽃보다 아름다운 당신

꽃보다 아름다운
꽃잎으로는 피워낼 수 없는
피워낼 수 없으면서도
꽃보다 고운
그런 가슴으로 사는 당신

시심 하나 기둥으로 세우고
영혼의 집
언어로 울타리 두른
가난한 당신

그러나 항시 등 밝혀
가난을 즐기시는
즐겨
꽃보다 아름답고 그리운 것이 되는
그리운 것이 되어
시와 더불어 사는 삶 즐기시는
꽃보다 아름다운 당신

생기(生氣)

기(氣)는 에너지다
불을 밝히는 석탄이고
석유이다

불이 꺼지면
목숨도 어둠이다

어둠을 밝히는
불
에너지는 피다

피에 적셔 밝히는
불만이
진정한 생명의 불꽃으로
생을 밝힌다

이별의 먼 길

천혜의 햇살이
황금분말로 꽂히는 오후
속절없이 가을은 깊어 가는데
정 주었던 사람들 가야할 길 있다고
황망히 소식들 감추더니
하루 아침에 아들 문자에 부음이 날아오고

어제 외롭다 하던 친구
갑자기 치매에 풍이 겹쳐 사람을 몰라본다
소리 없이 가는
삶의 여정이라지만
지병보다 무거웠을 가슴앓이 얼마나 힘들었을까

두 손 툭툭 털고 붉게 피 흘리며
땅에 드러눕는 낙엽
죽는 날까지 어찌 아우성 절규를 내뱉지 못했나
목숨의 항쟁 끝
허망하다 소리 소문 없이 가는 적멸(寂滅)

이승과 저승은 한 겹 종이 한 장 차이
정신을 놓으면 나무토막 같은 물체
매일 이별하고 사는 사람들아
날이 가고 달이 갈수록
빈 가슴에 내려 꽂히는 찬기별 무섭구나

천혜의 황금빛 햇살
물결치는 가을날 오후
눈물 훔치며 돌아서기엔
하늘이 너무 슬프고 아름답다
그리운 사람아

아내

이십대 아내는
볼이 붉고 피가 끓는 황홀한
시간들
서로가 사랑해서 얻은 여의주같은 혈육
하늘이 준 축복의 재산

삼십대 아내는
터질듯 풍만한 가슴으로
젖내를 풍기는 시간 속에
꽃씨를 가꾸는 사랑, 그 강물의 시작

사십대 아내는
꿈은 어디가고 불혹이 왠 말인가
세상에 부대끼는 격랑의 파도
깊은 사랑의 헤매임

오십대 아내는
가슴 할퀴는 억새바람

침묵으로 지세는 야광의 빛
이따금 숨 쉴 수 있는 사랑, 그 강물의 방황

육십대 아내는
허락한 사랑들 다 떠나고
홀로이 녹아지고 깨어지고 부서지는
용해된 빛의 잔치
끝없는 사랑의 늪을 헤맨다

시골 빈집과 함께 사시는 시어머니

시골에 사시던 시어머님을 모셔온 지 삼 십여년
어머니는 홀로된 시아버지를 삼십년을 모셔왔다
봄이면 텃밭에 온갖 채소 푸성귀 심던 이야기
백수가 다 된 지금도 또 삼십년을 사시려는지
시골 빈집에 사신다
백년이 넘은 빈집은 작년에 헐리고
가까이 사는 작은 아들이 돌덩이 같은 집터에
땀과 피 쏟아부어 고운 밭을 일구었다
오늘은 첫 수확
달덩이만한 고구마에 붉은 고추며 영근 땅콩 거두어 보내온
시골서 온 택배에 놀란 시어머니
서울 큰 아들은 시골집 부수어 가꾼 텃밭 이야기를
아직도 못하고 있다
디딜방아에 곡식을 빻고
시렁에 광에 보물을 숨기는
옛방식대로 시골집과 같이 사시는 어머니
어머니 묫자리도 삼십년 넘게 가매장 되어있다

시집살이

칠십이 다 된 늙은 며느리 앞에서
구십 넘은 왕 시어머니는
아직도 하늘이시다

고구마 하나에 우유 한 잔으로 때워도
어머니 밥상은 열두 가지 웰빙 식단
새 모이만큼 드실 땐
밥이 보약이라며 걱정이 태산
귀가 어두워 '어무이예' 세 번은 불러야
말이 통하고, 옛날 시골 시집살이 수 천번
재탕하시는 시어머니
아직도 부엌살림 챙기시어 '간은 꾹꾹 눌러야 한다'
몇 번씩 타이르시고
늘 부질없는 일에 집착하셔도
그 가르침 자식들 울타리 되시니
진정 바라는 건 건강히 천수 하시어
그 그늘에서 자식들
늘 푸른 나무로 청하늘 바라 볼 수 있기를

친정엄마

'엄마 땜에 못살아-'
'아가야, 난 니 땜시 사는데'
췌장암으로 죽은 딸의 영화 '친정 엄마'를 보고
죽죽 눈물 흘린다
희미해진 엄마의 그림자는 접어두고
장애아를 둔 딸아이 생각에 전화를 건다
"니 새끼 땜에 내 새끼가 힘들어서 어쩐다냐-"
배 아파 낳은 딸 생각뿐이다
'인간사 새옹지마'라더니
'자식이 둘은 있어야지' 엄마의 성화에
누가 애 하나 더 낳아라 했냐며
울부짖던 딸
일희일비(一喜一悲) 인생이지만
아직은 피안을 꿈꿀 먼 길 있어
아가야-
절망하고 스트레스 받으면
병 생기는 거야 중얼거린다
내리 사랑이란 이런걸까
내 새끼 생각뿐인 하루

조강지처 클럽

해묵은 플라타너스 둥치만한
굵은 허리를 한
고목의 본처(本妻)들이
늘 그 자리 그대로
쳐다봐 주지 않는 집을 떠나
찜질방 가마솥 삶은 계란 앞에
둘러앉아
자식 손자 자랑 한창이다
내일은 전철타고
양수리 팔당을 거쳐
흘러가는 한강물 보러
물길과 물길이 만나
뒤척이며 기쁨 토해내는
양수리행 모임을 주선한다
본처들의 반란이다

젖무덤

산 언덕배기
눈 쌓인 두 개의 봉분은
부푼 가슴이었다

손안에 꼭 쥘 수 없었지만
생명의 입술에 물리고
부끄러움도 없이 거칠게 흔드는
간음의 손길 한 평생 좋은 일들의
역사를 해산했다

한방울 한방울
통곡의 피울음 뚝뚝 지는 날
죽어서도 허연 젖물 흐르는
서러운 계곡에
눈먼 사랑
눈 뜨고 나란히 누워있다

어느 독거노인의 만세

젊었을 때 수학선생을 했다던가
백 두 살의 독거노인
30년을 홀로 살았단다

외롭고 쓸쓸했을 거란
통념과는 달리
새벽산 맨발로 오르고
유도장에 가
노익장 과시하며 몸을 푼단다

단독자가 겪는 외로움을
죽음으로 가는 길이라 했던가

백수를 넘기고도
통일 염원하고
외로움 발길질하며 젊게 사는
독거노인 생각하며
버린 삶 일으켜 세워
다시 보폭을 넓혀볼 일이다

햄버거 난민

모두들 살기가 힘들다고 한다
힘들다는 뜻은
먹고 살기가 어렵다는 뜻이다

햄버거 난민
그들도 먹고 살기 힘든
계층과 혈통이 같다

먹을 것이 없다는 말은
일감이 없다는 뜻이다

일하지 않고는
먹을 수가 없다는 이
평범한 진리를

그중 잘 알고 있는
깨달음의 인간이
햄버거 난민이다

떠돌이 난민

고향 잃은 실향민
뿌리박지 못하고 떠도는
낭인들의 고향은 가난이다

버림받은 고향
아니 버리고 떠난 고향
가난의 영토엔
뿌리 내릴 토양이 없다

황무지라 했던가
황무지가 어찌
보랏빛 뿐이던가

풀 한 포기
꽃 한 송이 피워낼 수 없는
가슴의 불모지도 황무지다
황무지를 가슴하고 사는
떠돌이 난민들

제2부

전철 속 풍경

로켓 발사

3000억 퍼부어다 북한 장거리 로켓발사
억억 억울하네 햇볕 정책에 3조 5000억
인공위성도 오바마 초대도 실패라지만

우리 노숙자도 굶어 죽을 판에
대량 살상 핵무기로 북녘은 호황이니
언젠가는 미사일 전문가 되어
지구초토화는 시간 문제

인터뷰 게임

위암 판정을 받은 육십대 남자가
인터뷰 게임 신청을 했다
전국 장수 노인들 찾아
생활 습관을 알아볼 참이다
첫 번째 구십 팔세 된 노인
붓글씨를 쓰고 가지런한 이로
육포를 꼭꼭 씹는다
두 번째 팔십 육세 된 할머니
인상 좋은 아줌마 같다
검지손가락 짚고 물구나무 선다
세 번째 구십 이세 된 할아버지
밭농사 감농사에 연 소득이
몇 백만원이란다
그 다음 철봉선수,
그 다음 구십 한살의 택시 기사님
여러 사람과 이야기하며
할일이 있어 즐겁단다

즐거운 인생살이
모두가 긍정적 사고와 함께
운동을 즐기는 이들이 누리는
자족감이다

수도권 지하철 개통

추수 끝낸 평택벌
아산만 포구를 지나
도착한 지하철 종착역

무임승차권 한 장에 몸을 싣고
옛 신혼 여행지를 찾아
지하철 칸칸엔 하루치의 삶을 싣고
왔다 갔다 왕복을 되풀이 하는
노인들의 행복한 공간

고단한 하루를 벗어던지고
쑥탕
옥돌 사우나
소나무 탕을 번갈아 즐기는
온천욕은
하루치의 행복에
보너스로 주어지는
또 하나의 행복

움츠린 삼동의 추위를 녹이고
돌아가는 전철은
노인들의 낙원이다

전철 속 풍경

비좁은 통로를 뚫고
장님부부가 하모니카를 불며
지나간다
적선의 바구니는
빽빽한 객실과는 달리
텅 비어있다

할렐루야 천국 갑시다
예수를 믿으면 천국에 갑니다
천국이 있는지 없는지 모르지만
만원 지하철은 지옥임이 분명하다

우산 사세요
밖엔 비가 옵니다
비가 아니어도 이미
우수에 마음 젖은 이들이
귀 대신 눈을 닫고 있다

경인년 새해에

보신각 종소리가
새해를 연다
열린 길 양켠으로
묵은 해와 새해가 갈라서고
흰호랑이 한 마리가
두개의 해를 머리에 이고 들어선다

사람들은 제마다
꿈꾸며 이루고 싶은
열망 하나 해처럼 가슴에 하고
해와 마주 선다

가슴과 가슴끼리 키우는
소망사고(所望思考)
모두 이루어지면 사랑이 될까
사랑이 되어
한해의 행복으로 나누어 가질까

추수감사절에

추수의 계절
올해도 풍성한 열매 주심과
이 민족에 베푸신 축복의 은혜
시들지 않을 영적인 열매 주심을 감사하며
주 앞에 영광 돌리네

뒤돌아본 한 해의 일들
함께한 주님의 자국들
묵상의 은혜 놀라워라
깊은 섭리로 일하시는
보혈과 십자가 사랑,
가득 채워 주신 주님의 사랑

곁에서 힘과 영혼의 평안한 주심을
감사와 찬양으로 예배 드리네

케블카에 올라

와하!
좋다, 좋다
참 좋다
겹겹이
산, 산, 산
몇 백 개의
섬, 섬, 섬
구불 구불
바다, 포구, 어장들
운무, 해무, 절벽의 바위 산
고깃배들이 깃발 펄럭이며
바닷길에 데고 있고
멀리 군함 한 척 정박한 곳에
'전혁림'의 코발트 블루 '통영항 도시'가
그림으로 떠 있다

내 섬 하나도 꿈처럼 떠 있다

청마와 정운

남망산 아래 청마 거리를 걷는다
통영 앞 바다엔 청마 탄신 100주년의
수 많은 깃발이 펄럭이고
섬 섬 바위섬엔 그의 영혼이
살아 숨 쉰다

사랑을 아는 심장은
늙지도 죽지도 않는다
사랑하는 사람과 살 수 없는
비원의 한
풀 수 없는 목마름을
죽어서라도 같이 가자던
영혼의 애모(哀慕)가 사리로 맺혀
푸른 돌로 굳어버린 바위산
오늘 남망산에 올라
덧없고 아픈 목숨의 생채기를 앓는다

마침내 사랑은 그렇게 와서

사랑했으므로 행복했다는
깃발처럼 살다간 청마의 동산
통영 앞 바다에 와서
그때 그 청마와 정운의
사랑에 흠뻑 빠져본다

지훈 축제

반딧불이와 별이 다투어 반짝이는
첩첩산중의 오지 육지 속의 섬
영양이 가득한 영양
조지훈, 오일도의 시공원에 서 있다

집착을 버려야 한다는 집착
해탈로도 껍질 못 벗겨내는
'지훈의 집착' 시화를 보며
장미를 피우려다 장미를 못 피우고
저녁놀 타고 나는 간다
붉은 꽃밭 속 붉은 꿈나라로
코스모스 입술위 키스를 남기고 간다
'오일도'의 시화를 보며
얼굴 붉어 붉어 나도 타들어 간다

측백나무 소나무 하늘 맞닿은
검마산 암자에 앉아 참선 흉내를 내 본다
열 아홉 예쁜 색시

구십되어 지훈 축제 나타나신
미망인 '김난희'여사
묵향(墨香)의 무게로 키우신 인품에
고개 숙인다

잠실에서

통기타 라이브 생음악을
귀동냥 하려는지
삥 둘러선 아파트들이
귀를 쫑긋 세우고 있다

낭송하는
시도 함께 듣고 있을까
잠실로 짠 마음의 옷을
입은 이 들은
함께 들을 수 있을까

허나
잠사 옷을 걸치고도
누더기 마음으로 사는 이가
더 많은 세상이니
노래고 시고
제대로 들리기나 할지

강화도 개펄

썰물이 밀려나간 후
시커먼 등에 젊어진
언덕의 펜션이 유난히 희다

개망태를 풀어놓듯
개펄 위를 이리 뛰고 저리 뛰며
강아지처럼 즐거워하는
어린 식솔들
바다의 물기 때문일까
물기 없는 삶의 울타리를
벗어난 때문일까

건조증을 앓는 여인 하나
해수(海愁) 물기삼아
마음 적신다

영월 축제

김삿갓 계곡에
천명의 시인이 모여
시와 별 축제를 벌인다

새벽 창을 여니
강물인지 산인지 거대한 안개바다
하늘 층계 산자락이
얼굴과 몸통을 보였다 감추었다
물보라 안개를 피워 올리고
물안개 위로 지팡이 짚은 신선 시인
물처럼 구름처럼 노닌다

노루목 골짜기에 피어오른 쑥부쟁이 향
피맺힌 한(恨)이 되어 이 백년 후
시인들 빛나게 부활되어
삼천리 방랑객들 제마다 김삿갓이다

물 따라 바람 따라

해학과 풍자로 모여든 시인들
난고의 자유 정신 만나
그의 혼불에 흠뻑 젖었다 돌아가리라

새만금

군산서 변산까지
바다 위 달리는 새만금 100리길
전망대엔 팔랑개비가
풍선의 꿈을 돌리고 있다

세계 1위 방조제
3보 1배 정치꾼들의 욕망에
하다가 말다가
말다가 하다가
눈물 세월 19년째
드디어 대교의 꿈 이루어졌다

바다 메워 좁은 땅
계획된 대지로 일군
기적도 둔갑도 아닌
땀으로 넓힌 땅

김제 만경평야 이웃하고

경제 산업도시로 우뚝 세워질
근대와 현대가 어깨 나란히 할

새만금이라 했던가
새새만만금으로 유토피아 만들어
세세만년 자손만대
유산으로 물려줌이 어떠랴

백령도의 통곡

바다도 울고
바람도 울고
어머니도 아내도 울었다

통곡으로도 불러내지 못한
수장된 채 잠들지 못한
생령(生靈)들도 함께 울었다

울음이 파도가 되고
파도가 노도가 되어
출렁이는 분노로도
잠재울 수 없는 바다

그 바다에 가슴을 묻은
천안함의 통곡

백령도의 엘리지는
NLA 분계선을 출렁이다
통곡으로 돌아왔다

천안문

9천 9백간 마다
역사를 잉태하고 있는
황금궁전 자금성

수로(水路)둘러 울타리 치고
천안문 위수사령부삼아
황제가 살던 곳

세계의 발걸음 멈출 날 없는
광장엔
잠든 옛 왕도(王都)를 깨워
세계의 도시로 바꿔놓은
모택동의 사진이 걸려 있고

사진앞에 서서
옛 황도(皇都)의 역사와
새로 쓴 중국의 역사를
세계인들이 읽고간다

만리장성

세계 불가사의의 하나라고 하는
만리장성
외침(外侵)을 막아 국토와 백성을
편히 다스리고자 2천년에 걸쳐
산과 산을 병풍처럼 성벽으로
둘러친 진시왕

영웅은 시대가 가고 세상이 바뀌어도
역사속에 살아 남는 것

영웅의 역사를
만리장성에서 배워 읽는다

석면

뽀송뽀송 베이비 파우더
침묵의 살인자인 줄도 모르고
아기 엉덩이에 뽀얗게 두들겨 발랐네

수 천개의 약품, 식품, 화장품에
자궁암 폐암의 발암성 물질이 섞여 있었나니
산다는 것이 온통 발암의 발병지대가 아니었던가

발암의 포위망에 갇혀
하루하루를 눈금없이 죽어가는
문명시대의 우리네 삶

제3부

행복지수 가까이

거꾸로 본 세상

바로 보면
그것이 그것이고
또 그것이 그것이다

거꾸로 보는 법
세상을 거꾸로 보는 법을
배워두면
새로운 눈이 열린다

구식으로 사는 것의
아름다움과
신식으로 사는 것의
역겨움과

아름다움과 역겨움
다스리고 사는 법
그것이
거꾸로 본 세상살이다

한 조각 구름되어

‘삶과 죽음이 자연의 한 조각 아니던가
미안해 마라
원망하지도 마라 운명이다’
불행한 대통령이 남긴 유언이다

유언대로
한조각 구름되어 날아가고
싶었던 것일까

부엉이 바위 벼랑에서 뛰어내리며
날개를 펴고 싶었던 것일까

정치의 울타리에 갇혀
검찰의 감시망에 갇혀
스스로의 자책에 갇혀
비상의 꿈 접고 던진 투신(投身)

부엉이 바위는

바보의 얼굴을 새긴
MH의 초상화다

지나가던 구름 한조각
초상화의 이마에 걸린다

시에 걸린 열병

시를
아편이라고 한다면 틀린 말일까
한 번 취하면 깨어날 수 없는
허나
깨어날 수 없을수록
마약이 아닌 명약 되는 시

진정한 시인이란
언어의 최면술에 걸린
걸려 깨어나지 못한
언어의 중독자
중독의 불치병 환자가 아니던가

허나
언제고 깨어있는
깨어있어 때묻지 않은 순수만이
발병할 수 있는
언어만이 해독의 명약이 되는 불치병

제왕과 촛불

촛불을 켜 놓고
눈물을 흘려본 제왕이
있었을까

촛불로 밝힌 밤과 함께
울음으로 밤을 밝힐 줄 아는
제왕이 과연 있었을까

어둠을 몰아내기 위해
손에 손마다 밝힌 촛불
촛불 뒤의 어둠을 보고 손에 촛불을 켜든
그런 제왕이 있었을까

그보다는
어둠을 두려워 할 줄 알고
어둠과 싸워 밝힐 줄 아는
그런
촛불 켜 놓고 우는 제왕이
몇이나 있었을까

한 잔의 커피 같은

커피 잔에 설탕 대신
하루치의 고단한 수고로움과
털어내지 못한 역겨움과
지우지 못한 부끄러움의 얼굴을
타 마신다

꿀꺽 삼켜버리고 싶었던
체증으로 목에 걸려
넘어가지 않던 것들로
숨통을 쥔 소화불량증의 메스꺼움도
함께 타 마신다

달콤한 설탕 보다
쓰디쓴 소금 맛으로
행복함과
불행함을 맛보게 하는
한 잔의 커피
혹은 한잔의 코피

후회하지 말자

일일삼성(一日三省)이라 했던가
되돌아보는 하루살이에도
잘잘못이 있기 마련이다

잘했던 일의 행복과
잘못했던 일의 후회를 되짚어 보는 일이
삼성(三省)이 아니던가

잘보내진 하루에 감사하는
그런 기도로 하루를
보낼 수 있다면
그게 곧 행복인 것을

하루치의 행복으로도
행복할 줄 아는 삶이
후회없는 삶이 아니던가

후회없이 살자

행복 지수 가까이

TV 아침 생방송에서
빨간 넥타이의 연사가
'아줌마들이여 착한 여자가 되지 말고 나쁜여자'가 돼
가부장 남편 앞에서 큰소리도 좀 치란다

수 십년 부엌 근처도 모르던 남편
어느 날부터 녹즙을 한다고 새벽 설쳐대며
야채도 사 나르고 부엌 한 칸을 차지하더니
제법 칼질이 서툴지 않으나
부엌살림이 과학적이지 못한다고 사사건건 잔소리는 여전하다
녹즙 한 잔이 병을 일으킬 판
내가 로버트인가 정확하게 맞추어 살게
나는 과학자가 아닌 시인 아닌가,
'오늘 첫눈 올것만 같은 날씨네' 딴청이 싫지 않은
새벽부터 낮까지 작은 공간에서 꿈을 꾸어 오던 시인
꿈밖으로 밀려나 이중생활을 한다
행복지수에 가까이 가기위해

나만의 꿈을 만들어 가기 위해
독이 되는 말은 한 귀로 듣고 한 귀로 흘리는
나쁜 여자, 적당히 이중 생활하는 것이
건강비결 아닐까

무지개를 좇던 일

이마로 키우며
좇던 무지개의 꿈
가슴에 묻으며 산다

아미에 걸려
길이 되어 주기도 하고
가슴과 가슴을 잇는
다리가 되어주기도 했던
무지개

무지개와 같다 했던가
인생을

산다는 것은
꿈을 꾸고 꿈을 좇으며
꿈을 먹고 사는 일

무지개의 꿈이 이와 다르지 않았으니
삶이 무지개 아니던가

달만큼의 거리에서

얼마를 채우고 또 채우면
저리
만월로 충만할 수 있을까

얼마를 더 다듬고 다듬으면
저리
완벽한 원을 그려낼 수 있을까

그리움도 채우고 또 채우면
달처럼 저리 풍선으로
떠오를 수 있을까

떠올라
그대 창가에 걸릴 수
있을까

달로 그린 동그라미 속으로
그대와 나
들어가 본다

미래의 성(城)

천 오백년 전
신라 황남 대총 유물과
백제 몽촌토성 유적을 둘러보고
남한산성 수어장대를 걸으며
역사의 발자취를 더듬어 본다

어릴 적 꿈꾸었던 이상의 세계와
오늘의 문명의 세계 저쪽
역사의 세계를 따라 옛으로 돌아가 본다

회색묘비처럼 키재기로 선 빌딩 숲이
하늘 가리고 서 있는 직립의 문명지대
수 천년 후의 이 도시는 어떤 모습일까

문명과 이기(利己)
꿈과 이상(理想)의 양켠에 낀
지구촌의 삶과 삶의 양존은
영원한 숙제일까 아니면 숙명일까
결론은 숙자 동항렬이란 점

한 여름밤의 꿈
– 긴 터널을 지나면

캄캄한 골목길을 빠져나와
죽음의 긴 터널을 지나면 빙설국(氷雪國)
알라스카의 유전을 따라
항해하는 빙쇄선
눈썰매를 타고 스치는 흰 곰과
툰드라 지대의 여름철 꽃을 보며
유혹에 빠져 설국의 온천장을 돈다
에스키모인이 되어 한 시간 정도 뚝딱 이글루 집을 짓고
한 여름 삼복 열대야 밤을 보낸다

캄캄한 골목길을 돌아
긴 터널을 지나면 천상의 화원(花園)
진달래 철쭉 목련 개나리 다투어 피어 있고
코피를 쏟게 하는 라일락이며 찔레향
지금은 백일홍 도라지 국화가 만발한
한 겨울 삼한 북극의 밤이 펼치는 천상의 화원에서
꽃을 껴안고 보낼 것이다
캄캄한 골목길 죽음의 긴 터널을 지나고 나면
설국과 화원의 양극지대

밝고 맑은 사회

밝은 곳이 있으면
어두운 곳 있듯이
젖은 곳 있으면
마른 곳 있듯이
살아가는 일도
좋은 일 궂은 일 있기 마련

양켠중
좋은 일 골라
좋은 사람끼리 모여
좋은 일 생각하며 행동하면
그게 젖지 않고 어둠 없는
밝고 맑은 세상 아닐지

서울 속의 바다

뭍이 고향인 나는
늘 가슴에
바다 하나 지니고 산다

하여 내 항해일지엔
도강을 위한 예비와
도강을 꿈꾸다 침몰한
아픈 기록들이 새겨져 있다

밤마다 수장했던 꿈과
난파된 꿈을 인양하던
꿈의 바다

오늘도 노도로 출렁이는
바다 하나 안고 살며

항해일지를
시로 쓴다

연아의 눈물

정상의 자리에
오르기 위해 추락을 거듭했던
절망만이
돌계단을 놓을 수 있다

계단을 오르며

도약하는 일
흘린 눈물만이 허용하는
고행의 층계다

절망을 딛고 오르다
추락하는
추락 없이는 오를 수 없는 계단

절망 연습이 끝나는 곳에서
첫발을 내디딘 이만이
정상에 오를 수 있는

연아의 눈물도
정상에 오르기 위해 흘린
절망 연습이었던 것을

지구촌 축제

– 베이징 올림픽

끝나지 않는 잔치는 없다
성화는 꺼지고
밤하늘 수놓는 불꽃 축제
우리 생애 최고의 순간을 맛보기 위해
싱그러운 젊은 그대들 잘 싸웠네

더 빨리 더 높이 더 힘차게
인간의 한계는 어디까지 일까
사람의 마음과 마음을 이어준
지구촌 축제 베이징 올림픽
사회주의 이념 테러를 탈피하고
하나의 꿈을 실현한 올림픽은
인류와 지구가 존재하는 한
끝없는 노력이지

뼈가 부서지고 심장이 파열된
메달 없는 금빛 투혼들
경기장엔 세계의 젊음이 환호와

열정을 토해놓고 막바지 여름과 함께 가버리면
4년을 또 4년을 기다리며
전쟁과 빈곤 이념들 다 버리고
다음을 기약하네

대한민국
작지만 강한 나라
온갖 신화 애국으로 뭉친
싱그러운 젊은 그대들
세계 종합순위 7위
정말로 잘 싸웠네

재앙

그게 무엇이 그리 대단한데-
이웃나라 아픔을 애써 외면하려든다
중국 사천성 지진 10만명 사망
억장이 무너지는 참상
산 꼭대기에서 휘몰아쳐오는 붕괴
나무, 빌딩, 도시 전부 쓰러져 뒤범벅이다
그 속에 깔린 죽음들, 소녀의 까만 눈동자
하나 밖에 없는 자식들 가슴에 묻는다
왜 이리 연달아 천재지변인가
미얀마 태풍 쓰나미에
칠레 화산 폭발 톱뉴스, 특보다
하기야 몇 천년 전에도 노아의 방주
터키 산 꼭대기에서 홍수가 일어나지 않았나
사막이 어디 본디 사막인가
가물고 물이 말라 갈수록 지구 온난화다
무한의 우주 속에서
몇 억겁의 우주행성이 억만년 주기로 돌고
우리가 사는 지구

우리 같이 사는 지구인들이 죽어간다
지구를 살리자
바다를 살리자

전직 대통령

바보 상자 속에서 지체 높으신 분들
은팔지 흰수의에 통고무신 신고
몸통 숨기고 깃털 풀풀 날리더니

정치꾼은 도둑놈 바람쟁이
쟁이쟁이 뻥쟁이 거짓말쟁이
3류 코미디에 거지도 놀아나고 민초들도 놀아나고

뇌물이 아니고 떡고물이다 통치자금이다
잡아떼기는 선수고 코미디 연기 삐에로 뺨치니
이 시대 봉하마을에 전직 큰바위 얼굴 세워졌네

우러러 그대들 바라보고 싶었는데
장돌뱅이 장사꾼에 386 장사꾼 합세라
10억 50억 빌렸다 문제없다 변호사 카멜레온

100억대 사업벌린 봉화그룹 노회장님
그저 별볼일 없는 시골 촌부 농사나 지을 일이지
빚밖에 없어도 노사모 당신을 사랑해요

세상이 왜 이러나

죽기보다 사는게 어려워 택한다는 자살
불장난인가 여기 저기 산불이 터지네
거기다 동반자살 하실 분들 사이트 자살 동우회까지

낡은 병풍

최씨 집안 장손 며느리는
제사가 많다
제사 때면 펼치는
여덟 폭 병풍
앞면엔 친정 아버님의 붓글씨
뒷면엔 어머니의 꽃 비단 자수
병풍 펼치는 날엔 부모님을 함께 맞는 날이다

한 땀 한 획 흘린 땀방울 구슬삼아 꿰매신 자수며
좌우명으로 기둥삼게 하신 글들은
회한(悔恨)의 세월에도
굳건히 서서 버티게 한 힘

사십년 제사 때 마다 접었다 편
세월의 굴곡으로 닳고 닳아
접혀진 체 뒤로하고
오늘은 새 병풍 아들이 사들고 왔다

아들아 너에게 남겨줄 것이 없구나
시집 열권쯤 남긴다고 저 병풍만 할까
돌아갈 수밖에 없는 눈물진 회귀(回歸)
어머니의 자수에 걸린
목단(牧丹) 수국(水菊) 떨기 같은 그리움
아버지 글씨에 배인 먹물로 번져난다

태안 검은 띠

거대한 원형의 자연
바다
그마저 파도 일궈
흰 거품으로 헹구고 또 헹군
저 순수에
더러운 문명의 기름을
뿌려 오염시킨
태안반도의 검은띠
기름 유출 사건

기름 뒤집어 쓴 한 마리 철새
죽어가면서
울음으로 하는 말은
과연 무엇이었을까?

문명의 소음에 귀머거리가 된
요샛것들이 어찌
원초적 생명의 말을 귀동냥

할 수 있었으랴

순수를 죽인 문명의 잔인성
검기로 치면 바다의 저 기름띠 보다
시커먼 가슴들이 아닐까

휴가

- 펜션에서

3대의 가족 나들이
지팡이에 의지한 왕 할머니
할머니 뒤에 머리 허연
중 노인네
토끼 같은 새끼 식솔 모두 모여
숯불 일궈 바비큐 굽고
된장찌개 구수하게 끓여놓고
오순도순 모여 앉아
한끼 식사로 가족간 체증 풀어보는
이런 맛이
세상사는 맛 아니겠나

최부자 집

만석군 했다는 경주 최부자집
요석 궁터에 자리 잡은
아흔 아홉 칸집은 마흔 일곱 칸으로 절반이 떨어져 나갔고
천석을 저장했다는 뒤주만 덩실하게 그대로 남아있었다
수학여행 온 학생들과 일본 관광객들은 마음에 담은 전말은
일제 식민지 땐 독립투사에 군자금을 보내고
십 이대 때 영남대학 설립으로 대미(大尾)를 장식 했다로 피리어드를 찍었다

십 이대 장손 '최염의' 자근자근한 목소리와
맏며느리가 나른 다과상 말고도
가주(佳酒)인 경주법주 '교촌법주' 마시기도 전에 취기를 돌게 했다

그의 가훈(家訓)과 육연(六然)
　진사(進士)이상은 하지말라

만석 이상을 모으지 말라
과객(過客)을 후하게 대접하라
흉년에 논 사지 말라
최씨 가문 며느리들은 시집 온 후 3년 동안 무명옷을 입어라
100리 안에 굶는 이 없게 하라는

자처초연(自處超然): 스스로 초연하게 지내고
대인애연(對人愛然): 남에게는 온화하게 대하며
무사징연(無事澄然): 일이 없을 때는 맑게 지내며
유사감연(有事敢然): 유사시에는 용감하게 대처하고
득의담연(得意淡然): 뜻을 얻었을 때는 담담하게 행동하며
실의태연(失意泰然): 실의에 빠졌을 때는 태연하게 행동하라를 마음으로 읊어보며

그는 어려서부터 조부님께 문안 인사로 육연을 썼고
가훈을 어긴 그의 아들 최성길씨는 11전 10패끝에 판사가

되었다는 말을 후렴으로 들었다

만석은 사라졌지만, 마지막 장손 부부에게서 부드럽고 정돈된 성품과

오랜 세월 몸에 배어있는 절제된 담담함, 단아함과 당당함이 우리 아이들 경주최씨 가문의 온기와 긍지를 느끼게 했다

제4부

숲에 가면

봄날 까치가 되어

새해
새봄
새날의 까치가 되어
포르르 날아 오르리

초록빛 희망을 나르는 까치
쌀 한 톨로 배부르게 해주고
줄기세포 한방으로 반백년 되돌려 주는
반가운 소식

시들고 마른 겨울 나뭇가지
물관 올려 정기 실어 나르고
새움 돋아 눈마다 팝콘 틔우니
우리 가슴도 꽃처럼 피어나네

새날 새봄
그대 안에 포르르 까치가 되어
좋은 새날 좋은 새봄
안겨 드리리

산수유

빈혈기의
햇살 입질해대도
노랗게 번지는 황달기

활짝 펴지 못한
꽃잎
병색이 완연한데

그래도 부러운지
개나리
노란 입술로 핥아댄다

내일의 빨간 열매를 위해 앓는
황달기
어찌 산수유 뿐이랴

생도 그와 같아서
거둘 열매 위해
피란피 죄다 말리는 것을

다시 이 봄에

담장 높은 라일락의
향진한 화냥기

개나리 노란 잎술 터뜨려
울리는 타종

하얀 목련의
100% 순수

진달래의 발그레한 취기에
바람도 바람이 도졌는지

이꽃 저꽃 기웃대며
풍기는 바람기

봄 산 진달래

불길 속에 태연히
석불(石佛)이 서 있다

감긴 눈을 뜨는 날이 있어
타는 진달래 불길 보면
입도 열릴까

옷깃에 불이 붙건 말건
가슴이 더워오건 말건
지긋이 눈감은 체
천년을 서 있으면
그뿐

그래서 그런지
진달래 꽃 또한
석불이 구경하건 말건
불길로 타오르면 그뿐

4월의 환희

마지막 불꽃으로 태운
꽃진 자리엔
무엇이 돋아날까
무엇이 돋아나
4월의 생명으로 불리울까

이름 없는 들꽃 하나의 생과
생의 소멸로 돌아가는
화혼(花魂)에도 생이 있어
돌아가는 곳 따로 있을까
돌아갔다 다시 4월에
돌아올 수 있을까

꽃들의 향연장 4월
꽃잎 하나 앞세우고
들어서 본다

여름 날에

플라타너스나
은행나무가
악기가 되는 날이 있다

음계도 없이
발성하는 왕매미 울음

가로수 길 따라 그늘 밟고 걸으면
마치 음계를 밟듯
도레미파솔
솔파미레도

나무마다 발성하는
플라타너스와
은행나무 길

백조의 호수

마음의 호수엔
백조 한 마리 살고 있다

서걱이는 갈대의 속삭임에도
귀 기울이고
대패날로 깎여지는
호면의 바람소리에도
귀기울이며 사는
한 마리 백조

언젠가 날아가고 말면
호수는 적막

적막 벗하며
돌아올 백조를 기다리며 내딛는 발자국따라
홀로 호숫가를 걸어본다

숲에 가면

숲에 가면
세상이 고장 낸 성하지 못한 것들도
반가운 나그네 되어 만난다네

무거운 짐 옭아맨 시름 풀어 뒤로하고
여유동행으로 천천히 걷다보면
안질로 눈멀었던 아름다움
꽉 막힌 해답도 환히 보인다네

숲은 새들을 불러들여 가지로 기르며
날개 퍼덕이며 별을 향해 날아가게 하고
새 생명 품게 하는 푸르른 꽃향기
나를 잊게 하는 환희의 새 우주

숲에 가면 스러진 육신 고장 난 마음
하나하나 일으켜 세우는 바람이 있어
세상이 고장 낸 성하지 못한 것들을
다 고쳐 치유해 준다네

바다

부르는 것은
네 이름인데

파도째 바다가 몰려와
가슴에 안긴다

아마도
가슴으로 불렀던가 보다

가슴으로 부를 수 있는 것
사랑 말고 또 있을까

밤 바다

루미나리에 조명이 밝아지면
밤바다의 무대는
하얀 스크린에 빛의 잔치가 펼쳐진다

눈부시도록 찬란한 유록색 물결위로
암말이 갈기를 세워
흰 천을 물고 덕석말이를 한다

형광색으로 물들인 날개를 편 갈매기와
거품으로 쓰러지는 파도가
황홀한 빛과 함께 발화시킨
시(詩)라는 불꽃놀이
찰라와 순간이 함께 몸섞은 환희

수평선 멀리 서있는 생의 밧줄과
너무도 가까이 서있는 이 현실이 펼치는
밝음과 어둠이 교차하는 선상에서
생을 음미하며 순간에서 영원을 배운다

산장의 달

음 보름
만월로 떠오르는 산장의 달은 차다

계절 탓만도
외로움 탓만도 아닌
마음이 찬 때문이다

누군가
불 지피는 이 있어
찬 가슴 뎁혀줄 순 없을까

누군가
따스한 미소로
손잡아 건네줄 체온은 없을까

산장의 달은 밝고
외롭고 차다
어찌하여 저 찬 것이
더운 것을 그리워하게 할까

산이 오라 손짓 하네

산이 거기 있어서
가는 것이 아니다

산이 오라 오라
손짓 하며 불러서 간다

오를 때는 끝없이 위를 쳐다보고
내려올 때는 고개 숙여 내려온다
올려다보아야 하는
봉우리는 언제나 푸르고 싱싱하다
바람에 떠밀려 하늘에 오르면
위에서 지는 일몰의 해는 더
커다랗게 시계(視界)로 들어온다

감추는 것 없이 다 보여주는
한없이 거대한 자연
산의 정상에 서면
온몸 벗어 던지는 자유

깊이 빠지는 사유(思惟)

산이 오라오라 해서
오늘도 산에 간다
산에가서 올려다 보는 법과
내려다 보는 법을 함께 배운다

우면산에 오르면

빌딩의 숲 뒤로하고
우면산 자락
아카시아 숲으로 들어선다

숲속의 바람
향으로 묻어나고
향 묻은 꽃잎
꽃비로 내린다

내린 비에 젖을수록
따뜻해지는 가슴
그 가슴만이 담을 수 있는
순수

우면산 아카시아 숲길을 걸으면
비로소
문명의 허울이 벗겨진다

폭설

적설(積雪)의 높이에 비례해
정적의 깊이는 내려 앉는다

내려 앉을수록
높이의 눈금을 더해가는
가슴으로만 척도되는
마음 하나

어디쯤에 가 닿으면
발자국 끝에
따뜻한 풀잎이라도
돋아날까

차가울수록 따뜻하게 풀리는
그리움 하나
강설기(降雪期)엔
그리움으로 불 지피며
겨울나기를 한다

제5부

시집평설

형이상시법 접목으로 거둔 시적성과 돋보여

박 진 환
(문학평론가 · 문학박사)

Ⅰ. 前提

해체와 열린시를 표방하고 등장했던 포스트모더니즘도 서서히 쇠퇴기를 맞고 있다. 시의 역사는 그 어느 것도 영원한 시법의 존재를 허락하지 않았고, 주어진 시대마다 그 시대를 수용할 수 있는 容器로서의 새로운 시법을 요구해 왔다.

21C라고 예외일 수 있겠는가. 21C는 21C라는 새로운 시대를 담아낼 수 있는 용기를 요구하고 있고, 그것이 다름아닌 해체의 복원이라고나 할까, 유형시킨 관념의 사면이라고 할까, 제3유형의 시가 제기되면서 새로운 시의 지평을 열고 있다. 이른바 19C적 관념일변도의 시도, 20C적 사물일변도의 시도 아닌 제3유형의 시로 명명되는 형이상시가 그것이다.

주지하다시피 형이상시는 17C에 대두된 형이상적 요소와 형이하적 요소를 양극화로 제시하면서 이를 합일시키기 위한 기발한 착상을 시법으로 하고 있는 시다. 그 때문에 서로 상반, 상충되는 두 대립요소로 갈등을 고조시켰다가 이를 합일 시킴으로써 긴장의 이완과 함께 쾌감을 체험하게 하는 일종의 특수한 시적 장치에 의해 씌어지고 있는 시다. 그리고 이러한 시는 20C에 들어서면서 신비평시학의 시론을 대표하게 됐고, 이 대표된 시학에 의해 새로이 제기 된 것이 제3유형의 시다.

랜슴에 의해 제기된 제3유형의 시는 그래서 랜슴 개인의 것이 아닌 신비평 그룹이 제기한 것이 되고, 신비평이 20C 시법을 대표한다는 점에서 제3유형의 시는 20C의 새로운 시의 지평으로 제시되기도 했다.

제3유형의 시는 관념일변의 배제와는 달리 유형당한 관념을 사면, 형이상적 요소와 사물일변도의 시적 장치를 접목, 형이상적 요소와 형이하적 요소를 적절히 결합시킴으로써 시의 총체성에 기여하고자 하는 시다. 그 때문에 19C적 시와 20C적 시의 장점들을 혼융, 새로운 시의 질서를 획득하고자 한다.

형이상적인 요소로서의 관념과 형이하적 요소로서의 사물을 양극화, 양극화가 노출하는 상반과 상충을 화해시키는 순발력으로서의 위트와 위트만이 이끌어낼 수 있는 합일장치 내지 역할로서의 기능인 컨시트를 매우 중시한다. 그 때문에 양극화와 컨시트는 형이상시의 대표적 시법이자 시학 자체라고 할 수 있다.

여기에 하나를 더 추가한다면 시적 복수라고 할 수 있는 '순수한 통징'의 감행이다. 통징은 징벌의 일종으로서 악에 감행하는 시적 복수라 할 수 있다. 시대적 비리나 부조리, 악행등을 징

벌함으로써 카타르시스를 체험하게 하는 순수한 통징은 그래서 시로써 감행하는 악에 대한 문화적 복수라고도 할 수 있다.

이 점에서 순수한 통징은 정서나 관념 유희를 한 차원 이끌어 올린 살아 있는 양심의 육성이라고 할 수 있다는 점에서 형이상시의 또 하나의 대표적 시법이라고 할 수 있다.

양극화, 컨시트, 순수한 통징의 감행으로서의 복수의 시학이 다름아닌 형이상시이고 이러한 형이상시의 시법을 자신의 시에 접목시켜 형상으로 재구성해 낸 것이 이지영 시인의 이번 10번째 시집이라고 할 수 있을 것 같다.

수록시 70여편의 시에서 즐겨 발견되는 양극화와 이를 교묘히 결합시켜 시의 새로운 질서를 이끌어내는 컨시트, 그리고 시의 복수라고 할 수 있는 순수한 통징의 감행은 이를 잘 말해주고 있는데 시를 제시, 구체화 했을 때 이해를 도울 것으로 본다.

2. 양극화와 컨시트의 조화

양극화는 형이상시가 본질로 하고 있는 시의 생명이자 성립조건으로서 형이상시의 시법을 대표하고 있다. 서로 이질적이고도 동떨어진 두 극의 대립이 야기 시키는 상반과 상충을 교묘히 시의 질서로 이끌어 내는 시적 균형을 성립시키는 양극화와 컨시트는 그래서 서로 불가분의 관계를 갖게 된다.

遠引的 비유, 아이러니는 현대시법이 중시하는 시의 성립조건이자 존재 조건이기도 하다. 신비평시학에서 제기한 이러한

시의 조건으로서의 원인적 비유나 아이러니가 다름아닌 양극화와 이를 결합시켜 시의 질서를 이끌어내는 컨시트의 산물이다. 그 때문에 양극화는 컨시트에 의해 결합될 수 있고, 결합을 위한 전제조건과 함께 형이상시의 존재및 성립조건이 될 수 있게 된다.

미찬가지로 컨시트도 양극화의 전제없이는 존재가치를 성립시키지 못한다. 서로 이질적이고도 상반 · 상충의 동떨어짐이 전제하지 않는다면 컨시트의 시적 역할이 필요없기 때문이다. 이러한 조건 충족의 상보적 역할을 담당한 것이 양극화와 컨시트다. 이 쯤에서 시를 제시해 본다.

가) 커피 잔에 설탕대신
하루치의 고단한 수고로움과
털어내지 못한 역겨움과
지우지 못한 부끄러움의 얼굴을
타 마신다

꿀꺽 삼켜버리고 싶었던
체증으로 목에 걸려
넘어가지 않던 것들로
숨통을 쥔 소화불량증의 메스꺼움도
함께 타 마신다

달콤한 설탕보다
쓰디쓴 소금 맛으로
행복함과
불행함을 맛보게 하는

한 잔의 커피
혹은 한잔의 코피

나) 시작이 있으면
끝 또한 있는 법
이는
시작과 끝이
맞물려 있음이다

일찍이 불가(佛家)에서 이르던
법문(法門)의 깨달음
불이(不二)가
그러하지 않던가

떠나고 보냄이
재회의 기쁨으로 다시
만남이 되듯이

만남이 되어
하나가 되듯이
사랑 또한 그러한 것을
끝나는 곳에서 다시 시작되는
둘이 아닌 것을

다) 사랑은 그리움이다
그리움을 먹고 살이 찌는
가슴의 미숙아다

사랑이란
잡히지 않는 무지개다
두 가슴 사이에 찬란한 빛의 아치로
걸려 있는
다가가면 물러나버리는
무지개다

사랑이란 외로움이다
외로울 수록 커가는
외로움 없이는 성장이 불가능한
발육부진의 지진아다

예시 가)는 「한 잔의 커피같은」 전문이고 나)는 「사랑끝 사랑 시작」, 다)는 「사랑이란」 시의 각각 전문이다.

예시 가)의 종연 '달콤한 설탕보다 / 쓰디쓴 소금 맛으로 / 행복함과 / 불행함을 맛보게 하는 / 한잔의 커피 / 혹은 한잔의 코피'는 양극화와 양극화의 합일을 성립시켜 주는 컨시트, 그리고 '커피'와 '코피'로 언어를 농하는 펀까지를 보여주고 있는데 이는 형이상시의 시법을 자신의 시에 접목시킨 것으로 보아줄 수 있게 한다.

예시 나)에서의 시행 '시작이 있으면 /끝 또한 있는 법'이란, '떠나고 보냄'은 분명 서로 상반된 양극화다. 문제는 이러한 양극화에 있지 않고, 이를 '시작과 끝이 맞물려 있음'이라거나, '떠나고 보냄이 / 재회의 기쁨으로 다시 / 만남이 되듯이'나 '만남이 되어 / 하나기 되듯이', 그리고 '끝나는 곳에서 다시 시작되는 / 둘이 아닌 것'이란 서로 이질적이고도 동떨어진 상반 · 상충의 양극화를 교묘히 합일시켜 주고 있다는 점이다.

그리고 예시 다)에서의 종연 '사랑이란 외로움이다 / 외로울수록 커가는 / 외로움 없이는 성장이 불가능한 / 발육부진의 지진아다'에 볼 수 있듯이 아이러니란 서로 모순 대립되는 것들을 相反의 均衡으로 합일시켜 주는 시적 기능을 담당하고 있는데 이 합일의 장치역할을 컨시트가 담당해 주고 있다는 점에서 이지영 시인의 시가 형이상 시법의 접목을 통해 형상으로 재구성되고 있다는 것을 말해주고 있는 것이 된다.

예시 외에도 시「늙는다는 것은」,「꽃보다 아름다운 당신」,「무지개를 쫓던 일」등은 양극화와 컨시트의 시법을 잘 보여주고 있어 예시들의 경우를 더 극명히 뒷받침해주고 있다.

양극화와 컨스트의 시법과 함께 형이상시가 중시하는 시법이 '순수한 통징'이다. 이 또한 시를 제시했을 때 이해를 도울 것으로 본다.

가) 뽀송뽀송 베이비 파우더
침묵의 살인자인 줄도 모르고
아기 엉덩이에 뽀얗게 두들겨 발랐네

수 천 개의 약품, 식품, 화장품에
자궁암 폐암의 발암성 물질이 섞여 있었나니
산다는 것이 온통 발암의 발병지대가 아니었던가

발암의 포위망에 갇혀
하루 하루를 눈금없이 죽어가는
문명시대의 우리네 삶

나) 바로 보면
그것이 그것이고
또 그것이 그것이다

거꾸로 보는 법
세상을 거꾸로 보는 법을
배워두면
새로운 눈이 열린다

구식으로 사는 것의
아름다움과
신식으로 사는 것의
역겨움과

아름다움과 역겨움
다스리고 사는 법
그것이
거꾸로 본 세상살이다

다) 촛불을 켜 놓고
눈물을 흘려본 제왕이
있었을까

촛불로 밝힌 밤과 함께
울음으로 밤을 밝힐 줄 아는
제왕이 과연 있었을까

어둠을 몰아내기 위해

손에 손마다 밝힌 촛불
촛불 뒤의 어둠을 보고 손에 촛불을 켜든
그런 제왕이 있었을까

그보다는
어둠을 두려워 할 줄 알고
어둠과 싸워 밝힐 줄 아는
그런
촛불 켜 놓고 우는 제왕이
몇이나 있었을까

예시 가)는「석면」, 나)는「거꾸로 본 세상」 그리고 다)는「제왕과 촛불」의 각각 전문이다.

예시들은 예외없이 시의 복수라고 할 수 있는 '순수한 통징'을 감행하고 있는데 여기에서 '통징'은 악에 감행하는 복수이자 징벌의 감행이라고 할 수 있다.

예시 가)에서 볼 수 있듯이 아이의 피부질환이나 피부미용을 위해 엄마들은 즐겨 파우더를 뿌려주기도 하고 발라주기도 한다. 그런데 파우더에 '자궁암 폐암의 발암성 물질이 섞여 있었다는 사실을 뒤늦게 알고' '침묵의 살인자'임을 깨닫게 된다. 그러면서 '발암의 포위망에 갇혀 / 하루하루를 눈금없이 죽어가는 / 문명시대의 우리네 삶'에 가해오는 위기도 함께 깨닫게 된다. 그러면서 '산다는 것이 온통 발암의 발병지대'가 아니었던가로 설의하면서 서서히 죽음으로 밀고 가는 문명의 포위망을 고발 · 비판한다. 일종의 악에 감행하는 고발이자 폭로이며 이를 감행함으로써 악을 교정하고자 하는 악에 대한 복수의 감행이라 할 수 있다.

예시 나)는 일종의 역설이다. 거꾸로 세상을 보는법을 배워두면 세상을 보는 눈이 새로 열린다는 역설은 아이러니다. 그러나 이 아이러니 속에는 '구식으로 사는 것의 / 아름다움과 / 신식으로 사는 것의 / 역겨움'이라는 상반 · 상충의 양극화가 들어 있고 동시에 거꾸로 세상을 보아야 바로 보인다는 당돌하면서도 의외적인 컨시트도 작용하고 있다. 그러면서 바로만 보고 사는 가시적 세계가 펼치는 '그것이 그것'이라는 단조로운 현대인의 시계를 꼬집고 있다. 거꾸로도 볼 줄 아는 법과 구식으로 사는 법, 그리고 아름다움과 역겨움을, 다스리고 사는 법을 터득하기 위해서는 거꾸로도 세상을 볼줄 알아야 한다는 시계의 협소화를 꼬집고 깎아내리고 있다는 점에서 통징의 감행임을 알 수 있게 한다.

예시 다)는 설의법을 통해 의문을 제기함으로써 독자들의 답을 유도해내고 있는데 이는 제왕에 대한 우회적 비판의식을 배후에 깔고 있다. 촛불을 켜 놓고 '눈물 흘려본 제왕', '울음으로 밤을 밝힐 줄 아는 제왕', '어둠을 몰아내기 위해 촛불뒤의 어둠을 볼줄 아는 제왕' 그보다는 '어둠을 두려워 할줄 알고 / 어둠과 싸워 밝힐 줄 아는' 그런 제왕의 존재여부를 설의 함으로써 존재에 대한 해명을 독자에게 전가하는 우회적 수법으로 감행한 통징이라고 할 수 있다.

화자가 직접 존재를 단정하지 않고 존재하지 않았음을 독자에게 전가, 이를 일깨워 줌으로써 감행하는 간접적 복수는 설득력을 배가 해주고 있다.

3. 결어

지금까지 본고는 이지영 시인이 열 번째로 상재한 시집 『서울 속의 바다』에 대한 조명을 제시 해 본 셈이다.

시는 한 편의 시가 지닌 문학성을 중시, 평가역을 설정할 수도 있고, 시법을 통해 총체적으로 조명해 볼 수도 있다. 그런가 하면 단순히 수록된 시만으로 평가치를 성립시킬 수도 있다.

그 중에서도 본고는 형이상시법을 빌어 이지영시인의 시를 조명해 본 셈인데 형이상시의 대표적 시법인 양극화와 양극화의 상반 · 상충을 합일시킨 시법으로서의 컨시트, 그리고 시의 복수라고 할 수 있는 순수한 통징을 빌어 시법별로 구체화 해 본 셈이다.

그 결과 이지영 시인의 열 번째 시집에서는 형이상시법을 자신의 시에 접목시킨 흔적이나 정황은 물론 이에서 나아가 이를 자신의 시에 실천하고 있음을 읽을 수 있게 하는데 이점 이지영 시인이 열 번째 시집으로 거둔 스스로의 변신이자 돋보이는 시적 성과라고 할 수 있을 것으로 본다.

•

이지영 시인은 『문예사조』 신인상에 시가 당선 등단했고, 한국펜, 한국문협, 현대시협, 밀레니엄문학회, 운현시문학회 회원으로 활동하고 있다. 한국민족문학회, 문예사조문학회 부회장, 세계시문학 연구회 이사와 25년간 교직생활을 했다. 시집에 『그리움으로 달려가 달빛처럼 젖고 싶다』, 『젖은 날의 일기』, 『꿈꾸는 밀어』, 『가까운 사람아 먼 사람아』, 『산 하나 품고』, 『사랑으로 가는 바람』, 『절망의 층계 쌓기』, 『소멸의 뒤안길』 등이 있고, 문예사조문학상, 문학21문학상, 한국민족문학상, 황진이문학상, 세계시가야금관왕관상 등을 수상했다.

•

조선문학시인선 299

서울 속의 바다

2011년 9월 20일 인쇄
2011년 10월 5일 발행

지은이 / 이지영
발행인 / 박진환
펴낸곳 / 조선문학사
등록번호 / 1-2733
주소 · 110-092 서울 서대문구 홍제2동 96-4
대표전화 / 730-2255
팩스 / 723-9373

ISBN 978-89-93614-66-4

정가 8,000원
* 인지는 저자와 합의 하에 생략
* 잘못된 책은 서점에서 교환해 드립니다.